RÉFLEXIONS

SUR

LA MALPROPRETÉ DES RUES

DE PARIS.

RÉFLEXIONS

SUR

LA MALPROPRETÉ DES RUES

DE PARIS,

SUR SES CAUSES, ET SUR LES MOYENS D'Y REMÉDIER

PAR M. GUILLOT,

Inspecteur Général Adjoint de la Salubrité et de
l'Éclairage.

PARIS,

Chez l'Auteur, cour de Lamoignon, n° 6.

Imprimerie de CHAIGNIEAU jeune, rue St.-André, n° 42.

Décembre 1824.

RÉFLEXIONS

SUR

LA MALPROPRETÉ DES RUES

DE PARIS,

SUR SES CAUSES, ET SUR LES MOYENS D'Y REMÉDIER.

~~~~~~~~~~~~~~~~~~~~~~~~~~~~~~~~~~~~~

CHAPITRE PREMIER.

Depuis long-temps des plaintes s'élèvent de toutes parts sur la malpropreté des rues de Paris, et c'est principalement contre l'administration, qui a dans ses attributions le service du nettoiement, que ces plaintes sont dirigées. Notre intention n'est pas de combattre ces plaintes, et encore moins de contester la légitimité de celles, qui n'ont eu pour objet que d'éveiller l'attention de l'autorité, et de l'appeler sur un état de choses qu'il importe à tous égards de faire cesser ; au contraire, c'est pour joindre notre voix à celle du public, et à celle de quelques écrivains bien intentionnés, qui ont réclamé dans ce sens, que nous nous sommes décidés à publier sur ce sujet quelques réflexions. Toutefois, nous comptons assez sur la justice de nos lecteurs, pour être persuadés que nos observations ne seront pas confondues par eux avec celles de certains journalistes moroses, dont l'éternel besoin est de critiquer ou d'incriminer, et qui, en répandant le blâme sur tout ce qui tient à l'administration, ne cherchent qu'à exciter contre elle la défiance, les haines et les mécontentemens. Il nous conviendrait d'autant moins d'être l'écho de ces hommes acerbes, que nous savons que l'administration, à laquelle ressort le service du nettoiement de Paris, s'occupe en ce moment d'en renouveller l'organisation, et qu'elle n'a rien plus à cœur que de la perfectionner.

Ainsi donc, tout en convenant que

les rues, les boulevards, les places, les
quais, les ponts et les ports de Paris,
sont dans un état de malpropreté, qui,
notamment quand les temps sont plu-
vieux, excite de justes réclamations ;
tout en convenant qu'ils sont couverts
d'une boue, qui est partout plus ou
moins abondante, toujours noire, sale
et tachante ; qu'il est impossible aux
habitans de Paris de mettre le pied hors
de chez eux sans être au même instant
éclaboussés, ou par les chevaux et les
voitures, ou par eux-mêmes, ou les
uns par les autres ; tout en convenant
que les désagrémens d'une pareille malpropreté sont insupportables et qu'ils
méritent de fixer d'une manière parti-
culière la sollicitude du magistrat, nous
pensons que, de toutes les voies qui
peuvent conduire à ce dernier résultat,
la moins sûre est celle des objurgations.
Loin de nous donc la pensée de faire
ici chorus avec des hommes, qui, au
lieu de seconder nos vues, ne peuvent
que retarder le moment où elles seront
comblées.

Aussi, devons nous dire, autant à sa louange que pour rendre hommage à la vérité, que depuis son élévation au poste qu'il occupe, M. Delavau n'a rien négligé pour apporter dans le service du nettoiement de Paris, sinon toutes les améliorations, dont ce service est susceptible, au moins toutes celles que les circonstances ont rendues possibles jusqu'à ce jour.

De nombreux changemens, dans le personnel de cette partie de son administration, étaient réclamés pour le bien du service; les plus urgens, ceux qu'on pouvait regarder comme indispensables, ont été opérés; et l'on peut dire que, depuis cette mesure d'épuration, on ne trouve plus parmi les inspecteurs du nettoiement, de ces hommes, dont trop souvent, dans un temps, on a pu se flatter de paralyser les fonctions. Déjà, le balayage à la charge des habitans se fait avec plus de soin et plus d'exactitude, parce qu'il est stimulé avec plus de constance et de tenacité

de la part des employés. Il est fâcheux
que les moyens d'enlèvement mis à leur
disposition ne soient pas en proportion, sur plusieurs points, avec les
besoins du service. Il est fâcheux de
voir sur ces mêmes points, se prolonger
assez souvent jusqu'à la nuit, un enlèvement qui, précisément parce qu'il
n'a pas été fait dans la matinée, ne
peut s'effectuer, dans l'après midi,
que d'une manière extrêmement im-
parfaite, au point que souvent on croi-
rait qu'il n'a pas été fait. On demandera
peut-être quelles sont les causes de ce
retard? Il est facile de les faire connaître;
que ne l'est-il aussi d'y remédier promptement !

Depuis environ dix ans, Paris, sans
avoir acquis une très-grande extension
au-delà de sa vieille enceinte, n'en a
pas moins acquis, dans son intérieur,
une espèce de développement extraordinaire. Des rues nouvelles ont été
percées sur plusieurs points ; de nombreuses constructions s'élèvent de toutes

parts ; des quartiers entiers ont , pour
ainsi dire , surgi et sont sortis de terre
comme par enchantement ; plusieurs
quartiers nouveaux occupent en ce moment et occuperont encore long-temps
les constructeurs de bâtimens. Ici, des
fouilles d'une immense profondeur ; là,
des remblais et des exhaussemens considérables de terrains , ont donné et
donnent lieu tous les jours à des transports incalculables de terres , de gravois , et d'autres produits de même
nature. Les tombereaux et les voitures
de toute espèce, employés à ces sortes
de transports , sont innombrables. On
les voit circuler sur tous les points , se
croiser dans tous les sens, en hiver
comme en été , la nuit comme le jour ;
rien, pas même la pluie tombant à verse
et par torrent, ni les plus fortes cha-
leurs, n'ont pu, depuis plusieurs années, suspendre un seul instant leur
incroyable activité. Quelques peines
que se donnent les inspecteurs du nettoiement pour empêcher les entrepre-

neurs de fouilles de charger leurs tombereaux comble, toujours est-il, qu'à
moins d'arrêter tout-à-fait les entre-
prises de ce genre, ou de les entraver
considérablement, ils ne parviendront
jamais à empêcher qu'une partie de la
terre ou des gravois, dont sont rem-
plis ces tombereaux, ne tombe sur le
pavé et ne contribue à entretenir,
dans certaines rues sur-tout, l'immense
quantité de boue qu'on y remarque :
les cahots occasionnés par les inégalités
du pavé rendent cet inconvénient iné-
vitable.

Si à ces causes trop réelles de la malpropreté des rues de Paris, on ajoute
celles qui résultent du prodigieux accroissement de la population ; celles
qui résultent du développement non
moins prodigieux de l'industrie et du
commerce; développement qui a donné
naissance à une multitude de fabriques
et d'autres grands établissemens qui
n'existaient pas avant la restauration, et
qui tous concourent aujourd'hui à aug-

menter la masse des ordures ménagères; si à toutes ces causes on ajoute
encore celles qui résultent de l'aisance
à-peu-près générale qu'a produite la
restauration, et qui a mis à même de
tenir des chevaux, un grand nombre
d'habitans de Paris, qui auparavant ne
pouvaient faire cette dépense, et qui
aujourd'hui déposent dans les rues de
la litière que les boueurs sont obligés
d'enlever tous les matins; si à ces causes
de malpropreté, on ajoute celles qui
résultent du mode qu'on n'a admis que
depuis quelques années, de faire travailler au pavage des rues en hiver
comme en été, et de recouvrir ce travail d'une couche de sable qu'il n'est
permis d'enlever qu'après qu'il a été
complettement réduit en boue liquide,
on aura une idée des difficultés que
doivent éprouver ceux qui sont chargés
de surveiller le nettoiement de Paris,
et de le faire exécuter. On aura une
idée plus complète de ces difficultés,
quand on saura que les moyens d'as-

surer ce service, sont les mêmes depuis
près d'un demi siècle, nonobstant l'accroissement des besoins.

Nous disons que depuis près d'un demi-siècle, les moyens d'assurer le service du nettoiement de Paris sont les mêmes : nous nous trompons ; car ils sont diminués. Deux voiries à boue ont été supprimées, et l'exploitation de deux autres est entravée depuis longtemps. Les tombereaux qui allaient en décharge dans les voiries supprimées, vont dans l'une de celles qui ont été conservées, et sont obligés, pour s'y rendre, de faire un trajet beaucoup plus long ; de sorte que, tel de ces tombereaux, qui, il y a quinze ans, déblayait son quartier dans l'espace de quelques heures, n'a souvent pas trop de la journée entière pour ne le nettoyer qu'à demi.

L'entrepreneur du nettoiement n'est tenu de fournir, aux termes de son cahier des charges, qu'un nombre déterminé de tombereaux ; et quelque convaincue qu'elle soit de l'insuffisance de ce nombre, l'administration n'a pas le droit d'en exiger d'avantage. Il en est de même des ouvriers employés au balayage public, sur les divers points qui sont à la charge de la Ville. Nous ne craignons pas de dire que, pour faire exécuter d'une manière satisfaisante le service du nettoiement de Paris, notamment en ce qui concerne le balayage, il faudrait, par fois, que le nombre des ouvriers fût le triple de ce qu'il est. Mais, l'inexorable traité est là. Le bail de l'entrepreneur actuel, qui a commencé en janvier 1818, ne devant expirer qu'au mois d'avril 1827, nous n'entrevoyons pas comment il serait possible, avant cette époque, de faire mieux que M. Delavau n'a fait jusqu'ici; à moins qu'une résiliation consentie mutuellement ne vienne, de part et d'autre, dégager les parties.

Peut-être quelques personnes diront-elles qu'en élevant la dépense au niveau des besoins qu'on éprouve, il serait facile d'assurer convenablement l'exécution du service, et de le diriger de manière à faire cesser toutes les réclamations.

Oui, sans doute, il serait facile de faire face à tous les besoins, si ce n'était pas précisément contre toute espèce d'augmentation de dépenses que s'élèvent, dit-on, d'un commun accord, MM. les membres du conseil municipal de la ville de Paris. S'il faut en croire ce que nous avons ouï dire à ce sujet, il y aurait même dans ce conseil tel membre, qui, parce qu'une petite ville du fond de la Normandie, aurait, à une certaine époque, retiré quelques mille francs par an du fermage de ses boues, prétendrait que, si la ville de Paris est assez généreuse pour ne vouloir retirer aucun bénéfice des siennes, il doit au moins être facile à ses magistrats de trouver un entrepreneur qui se charge d'en faire l'enlèvement *gratis*.

Cette opinion, que nous n'osons nous permettre de qualifier, parce qu'elle est celle d'un homme extrêmement recommandable d'ailleurs, n'en mérite pas moins une réfutation.

Il n'y a pas de doute que la ville de Paris trouverait facilement un entre-preneur, qui se chargerait d'enlever gratuitement ses boues, pourvu qu'on n'exigeât pas autre chose de lui, et qu'on le laissât libre de les enlever quand et comme bon lui semblerait. Mais alors, MM. du conseil municipal auraient à s'occuper des moyens de faire enlever par un autre entrepreneur ces dépôts furtifs de terres, de gravois, de machefer, ces débris de poteries et de fourneaux qu'on rencontre à chaque pas, et qu'on trouve dans les coins de chaque borne.

Ils auraient à s'occuper des moyens de faire enlever, pour être transportée aux décharges publiques, cette vase dégoûtante et fangeuse qu'on retire des égoûts ; ce sable noir et infect, qui, après un nouveau pavage, obstrue les ruisseaux.

Ils auraient à s'occuper des moyens

de faire disparaître ces attérissemens, qui se forment à la suite des grosses eaux, sur les ports, les berges, et autres points qui bordent la rivière.

Ils auraient à s'occuper des moyens de faire curer les égouts, balayer les rues, les places, les quais, les ponts et les ports ; dégager les ruisseaux des rues qui n'ont pas de pente, et pas d'écoulement.

Ils auraient à s'occuper des moyens de faire débarder les culs-de-sac, les passages, les rues étroites, les ruelles et autres lieux, dans lesquels les tombereaux ne peuvent entrer, et qui cependant sont ceux où les habitans de Paris vont de préférence déposer leurs ordures de toute espèce.

Ils auraient à s'occuper de fournir des bottes aux égoutiers, des pèles, des crocs, des balais, des rabots, des brouettes, et en un mot, tous les outils et ustenciles qui sont nécessaires aux ouvriers employés à ces divers genres de travaux.

ils auraient à s'occuper de mettre

-en adjudication une nouvelle entreprise pour l'arrosement des boulevards
et des ponts ; des rues Royales et de
Rivoli ; des places Louis XV et du Car-
rousel ; des Champs-Élisées et du Cours-
la-Reine ; entreprise qui entraînerait
une dépense, que l'on peut évaluer,
sans exagération, à quatre-vingt-mille
francs au moins par an.

Ils auraient à s'occuper, en hiver, de
faire casser, ramasser et enlever les
glaces et les neiges ; de trouver des
chevaux pour les atteller aux traineaux;
de faire répandre sur les culées des
ponts, sur les descentes et sur les tra-
verses des boulevards, et en un mot
partout où le besoin l'exige pour rendre,
dans les temps de gelée, la circulation des voitures et des chevaux moins
dangereuse, du sable, de la terre, du
machefer, des gravois, ou toute autre
matière semblable, qu'il faut ensuite
se hâter de faire enlever aussitôt que
le dégel est revenu.

Ils auraient enfin à s'occuper d'une

multitude de détails, qui parce qu'il nous échappent en ce moment, n'en contribuent pas moins par leur ensemble à augmenter, au profit de la ville, les charges de l'entrepreneur actuel du nettoiement.

Nous ne parlons pas, dans le cas où l'opinion que nous combattons prévaudrait, de la difficulté qu'on éprouverait à faire faire régulièrement et en tout temps, l'enlèvement des boues à une heure fixe ; à une heure qui ne serait ni trop avancée ; ni trop tardive ; de la difficulté qu'on éprouverait à obtenir du cultivateur, qui se chargerait d'une pareille entreprise, qu'il abandonnât, en été, sa moisson, en automne ses vendanges, et presqu'en toute saison sa houe, sa bêche ou sa charrue, pour venir faire cet enlèvement tous les matins, sans autre dédommagement que celui qu'il trouverait dans la valeur des boues dont l'expérience, depuis! quelques années, prouve qu'on ne sait que faire lorsque les champs sont emblavés.

Nous ne parlons pas non plus du peu de garantie qu'offrirait un entrepreneur de cette espèce. Lui imposerait-on l'obligation de n'employer à l'enlèvement des boues de Paris que des tombereaux bien confectionnés, et tels que l'entrepreneur actuel est tenu de les fournir? En ce cas, nous osons prédire qu'on ne trouverait nulle part un homme qui fût amateur d'un pareil service, parce que l'établissement de ces sortes de tombereaux est extrêmement couteux, et que leur entretien en bon état ne l'est pas moins. Permettra-t-on à cet entrepreneur de faire le service avec des tombereaux tels que sont ceux des haricotiers et autres pauvres marchands de légumes, ou bien tels qu'en ont les gravattiers et les entrepreneurs de fouilles? C'est-à-dire avec des tombereaux qu'on pourrait appeler du nom de *clairières roulantes* ? Mais alors, toute la boue liquide, que les tombereaux les mieux conditionnés ont déjà peine à contenir, retombera

sur le pavé et rendra la voie publique
aussi malpropre après qu'avant l'enlèvement.

Ainsi donc, convenons que l'opinion
du membre du conseil qui prétend
qu'on pourrait trouver des amateurs
pour faire gratuitement le service du
nettoiement de Paris, ne peut être admise. Mais, si cette opinion ne peut être
admise, il faut alors convenir que ce
ne sera qu'avec de l'argent que la ville
de Paris parviendra à se faire nettoyer,
et qu'elle n'y parviendra encore qu'autant que les fonds qu'elle consacrera à
cet objet seront en proportion avec les
charges qu'entraîne nécessairement un
pareil service.

Faudra-t-il conclure de là que la ville
de Paris ne dépense pas encore assez
pour son nettoiement ? Non. Tel n'est
pas notre avis. Nous pensons au contraire qu'elle pourrait, sinon avec moins
de frais, du moins sans augmenter ses
dépenses, obtenir de meilleurs résultats. Mais pour les obtenir ces résultats,

il faut une autre organisation que celle qui existe actuellement, et dans les ornières de laquelle on se traîne si péniblement depuis près de cinquante ans. Il est étonnant que les vices d'une pareille organisation n'aient pas fixé l'attention de ceux qui dirigeaient ce service, lors de la dernière adjudication, qui a eu lieu en 1818, au profit de M. *Labalte*.

Il ne nous appartient pas d'examiner dans quelles vues on a ajourné alors pour neuf ans, des changemens que les circonstances réclamaient depuis si long-temps, et qu'il était aussi facile qu'urgent d'introduire. Nous ne pouvons à cet égard qu'exprimer notre étonnement, puisque, ainsi que nous le démontrerons, ces changemens pouvaient, au renouvellement du bail, être introduits sans agraver en aucune manière les charges de la Ville. Il y a lieu de croire que, si ce n'est pas à des considérations d'un intérêt particulier, c'est au moins à l'insouciance, pour ne rien dire de plus, que les abus sont redevables de la prorogation qu'ils ont obtenue.

Au surplus, c'est de l'organisation future que nous avons à nous occuper; et à cet égard, c'est à l'administration qu'il appartient d'apprécier le système que nous allons émettre, et dont l'exposé fera le sujet du chapitre suivant.

~~~~~~~~~~~~~~~~~~~~~~~~~~~~~~~~~~~~~

CHAPITRE II.

De quelle manière le service du nettoie-
ment de Paris, nous semble devoir
être organisé, quant au matériel.

L'ÉCONOMIE, que certains apôtres
prêchent aujourd'hui, bien que pendant trente ans ils aient fait leur profit
d'un système qui l'excluait, est, sans
contredit, un point essentiel qu'on ne
saurait perdre de vue dans une grande
administration, sans se rendre cou-
pable d'une espèce de forfaiture, ou
de prévarication; mais le point cul-
minant, celui qui doit avant tout fixer
l'attention du magistrat, ou de tout
homme en place, est-ce bien l'économie ? Non. L'objet qu'un magistrat ou
un administrateur quelconque doit avoir
principalement en vue, disons-le franchement, ce n'est pas l'économie, c'est

celui de son institution. Cette maxime pourra paraître paradoxale; cependant, avec un peu de réflexion, on trouvera qu'elle est juste. Et en effet, dans quel but les magistrats et les administrateurs ont-ils été créés? Est-ce pour capituler avec les abus, et en marchander la repression? Non, très-certainement, non; et s'il était quelqu'un d'assez insensé pour soutenir le contraire, un tel homme ne pourrait inspirer à ses semblables que le découragement ou l'effroi. Un magistrat est institué pour réprimer le mal; le devoir d'un chef d'administration est de travailler au bien-être de ses administrés. Ils doivent l'un et l'autre remplir le but de leur institution; ils le doivent, n'importe à quel prix. Cessez donc, factices partisans d'économie, cessez de faire entendre vos pitoyables lamentations. Il nous en faut sans doute de l'économie; nous en avons besoin pour soulager bien des malheureux. Mais, de bonne foi, est-ce aux dépens d'un service pu-

blic que vous avez dirigé pendant si
long-temps, sans vous être jamais in-
quiété de ce qu'il pouvait coûter, qu'il
vous sied de venir aujourd'hui réclamer
des économies? Vous savez, nous n'en
doutons pas, jusqu'à quel point il aurait
été possible de réduire les dépenses,
dans un temps où les charges n'étaient
pas, à beaucoup près, ce qu'elles sont
aujourd'hui. Ne serait-il pas curieux de
savoir si alors il vous est seulement
venu dans la pensée de demander des
économies? de rechercher par quels
moyens vous auriez pu simplifier le
service, afin de le rendre moins coû-
teux? Mais, c'est pour faire connaître
les moyens par lesquels il nous semble
qu'on pourrait améliorer le service du
nettoiement, que nous avons pris la
plume : revenons à notre sujet.

Le service du nettoiement de Paris
se fait par entreprise. Les charges de
l'entrepreneur sont déterminées par un
traité, au-delà duquel l'administration
ne peut rien exiger, quels que soient

d'ailleurs les besoins qu'elle éprouve. Ce traité, qu'on a constamment calqué sur le même paradigme, renfermé dans le même cadre, et copié dans les mêmes termes depuis cinquante ans, présente des lacunes dont on ne pourrait, sans injustice, faire un reproche au chef actuel de l'administration. On a vu dans le chapitre précédent, combien, depuis quelques années, se sont multipliées dans Paris, les causes de la malpropreté des rues. A ces causes, qui vont toujours en augmentant, et qui se font sentir depuis près de dix ans, n'aurait-on pas dû opposer un système mieux organisé et plus approprié aux circonstances ? N'aurait-on pas dû, en 1818, lorsqu'il fut question de mettre en adjudication le renouvellement du bail, faire sentir les inconvéniens et les difficultés du système qu'on avait suivi jusques-là ? N'aurait-on pas dû proposer dès-lors les modifications dont on reconnaît aujourd'hui la nécessité, et qu'on ne sollicite avec un zèle si apparent,

que parce qu'on sent que les temps de
la nullité sont passés, et qu'il faut, en
s'appropriant les conceptions d'autrui,
(faute d'en avoir en propre), persuader
au magistrat qu'on n'est pas tout-à-fait
inepte, parce qu'on fut jusqu'à ce jour
indolent. On n'a rien fait de tout cela.
Cependant, alors comme aujourd'hui,
de nombreuses réclamations se faisaient
entendre. Les habitans des quartiers de
Ménil-Montant, de la rue Château-
Landon, de la Pologne et autres lieux
où il existait des voiries à boues, se
plaignaient d'un aussi dégoûtant voisinage. Comment étaient accueillies leurs
plaintes ? Avec le sourire d'une mo-
queuse indifférence ; et il n'est pas dou-
teux que, malgré l'énergie qu'ont mon-
trée tout récemment quelques-uns des
réclamans, ils se verraient encore aujourd'hui condamnés à ne respirer que
des miasmes, si l'active sollicitude de
M. le Préfet de Police, pour tout ce
qui peut procurer le bien-être à ses
administrés, n'était venu mettre fin à

un aussi déplorable état des choses. Mais
en supprimant le dépôt des boues qui
existait rue de Ménil-Montant, il deve-
venait urgent et indispensable de le ré-
tablir sur un autre point ; la difficulté
était de trouver ce point. De toutes
parts on repoussait un établissement de
ce genre. Que firent alors ceux qui
n'avaient pu réussir à maintenir la voirie
dans son ancien emplacement? Ils ten-
tèrent d'exploiter le service d'une autre
manière, et toujours pour en venir à
leurs fins ; c'est-à-dire pour perpétuer
dans Paris l'existence des voiries à
boues.

Dire positivement quel motif pouvait
en cela les animer, est pour nous chose
difficile. Les bruits qui ont circulé dans
le temps étaient de nature diverse ; et
nous n'avons pas cherché à en appro-
fondir la vérité. Quoiqu'il en soit, nous
ne devons pas laisser ignorer à nos lecteurs que, depuis long-temps, l'embarquement des boues était l'objet de
nos méditations les plus sérieuses. Ce

nouveau mode d'exploiter le service
du nettoiement de Paris, nous parais-
sait offrir des avantages précieux. Eco-
nomie d'un côté, et célérité de l'autre;
profit pour l'entrepreneur, et profit
pour les cultivateurs des environs de
Paris; tels étaient les résultats que pro-
mettait le nouveau système que nous
méditions. Nous communicâmes sur ce
sujet nos idées, qui furent, au premier
abord, combattues par celui-là même
aux lumières et à l'expérience duquel
nous avions la bonhomie de croire que
nous pouvions nous confier. Nous ne
nous doutions nullement de l'usage
qu'on devait en faire plus tard.

On ne manqua pas de nous objecter
que jamais on ne pourrait se passer de
voiries dans Paris, ne fût-ce que pour
y déposer les boues dans les temps
pendant lesquels la rivière ne serait pas
navigable. Cette observation, quoique
juste, était loin cependant de nous faire
regarder comme impraticable le plan
que nous avions conçu, et que notre

intention était de soumettre plus tard
à l'examen de l'administration ; parce
qu'enfin, quand il serait vrai de dire
que,pendant trois mois de l'année,l'embarquement des boues ne pourrait pas
s'effectuer, soit à cause des trop grandes
ou trop basses eaux, soit à cause des
gelées, toujours est-il que les tombereaux que l'entrepreneur serait tenu de
fournir en plus, pendant cet intervalle,
pour accélérer le service, ne coûte-
raient jamais une trop forte somme ;
par la raison qu'une telle fourniture,
toujours éventuelle de sa nature, ne
serait encore le plus souvent que pas-
sagère et de courte durée. Nous pourrions même démontrer que, repartie
sur les neuf autres mois de l'année, cette
dépense extraordinaire n'approcherait
pas de celle qu'entraînerait la mise en
activité pendant toute l'année, de tous
les tombereaux qu'il faudrait pour assurer le service en continuant d'aller dé-
charger aux voiries, si notre système
d'embarquement était rejeté.

Mais, comme nous l'avons dit, l'esprit d'une véritable économie, cet esprit qui fait qu'on se passionne pour le bien et qu'on est toujours à la recherche du mieux, ne fut jamais l'esprit de nos nouveaux prêcheurs d'économie ; jamais ils n'ont marché franchement dans le sentier qu'indiquent aujourd'hui leurs vues singeresses.

Nous étions à mûrir notre projet, quand arriva l'époque où, malgré toutes les oppositions et toutes les entraves, M. le Préfet de Police décida que la voirie de Ménil-Montant était provisoirement supprimée. On crut voir dans cette circonstance, une occasion favorable de ridiculiser notre projet d'embarquement, et de le faire tourner à la confusion de l'administration, dans le cas où nous parviendrions à le lui faire goûter. Par un rafinement d'habileté dont on se ferait à peine une idée, on imagina de vanter ce projet à l'administration, et de lui proposer d'en faire l'essai. On mit en avant une espèce d'aventurière, une intrigante, dont on appuya les démarches en même-temps qu'on les dirigea. On lui fit obtenir la permission, nous pourrions même dire le privilège exclusif d'embarquer des boues sur l'un des ports de la capitale. On savait qu'elle ne devait employer, dans cette espèce d'entreprise, que les plus frêles bateaux, de misérables toues, à bord desquelles il était de toute impossibilité d'acculer un tombereau du nettoiement sans les défoncer; on avait prévu que, pour embarquer de la boue sur ces tristes débris de marine, il faudrait commencer par la déposer sur la berge; que là, cette boue pouvait non-seulement gêner le commerce et entraver la navigation, mais encore fermenter d'un jour à l'autre, exhaler une odeur fétide, et donner lieu à des réclamations.; on avait calculé qu'en rétrécissant ainsi notre système il devait, dans son application, entraîner des lenteurs qui ne manqueraient pas de le faire rejeter. Aussi, quelle cha-

leur ne mit-on pas à solliciter auprès
de l'administration, pour la déterminer
à l'adopter comme un essai ! sauf, après
l'essai, à en relever les inconvéniens,
pour arriver au rétablissement de la
voirie de Ménil-Montant. Nous nous
opposâmes de toutes nos forces à ce
qu'on fit l'essai dont il s'agit, et surtout
à ce qu'on le fit avec un appareil aussi
mesquin. Un autre avis que le nôtre
prévalut; l'essai fut fait, et on le fit
avec des bateaux qui ne présentaient
que l'aspect du plus triste délabrement;
au point que plusieurs coulèrent à fond,
et qu'on fût obligé, au moment même
où ils allaient entrer en charge, d'en
abandonner d'autres au dépeceur. En
un mot, l'évènement a si complètement
justifié dans cette circonstance tout ce
que nous avions pressenti, que nous
dîmes nous-mêmes, et uniquement
pour le bien du service, faire quelques
efforts auprès de l'administration pour
la déterminer à revenir au système que
la routine a consacré.

Cependant , quelque malheureux qu'ait été ce premier essai, aujourd'hui comme alors, nous pensons que le transport des boues de Paris par eau , est le plus expéditif qu'on puisse trouver. L'expérience prouvera qu'il est aussi le moins dispendieux. Toutefois, pour qu'il s'effectue constamment avec sûreté, exactitude et régularité, il est bien entendu qu'il faut, au préalable, se procurer un matériel solide, et ne pas penser d'employer à ce service des bateaux moindres que les plus forts marnois ; qu'il faut en avoir un nombre suffisant, pour que, tandis que les uns iront en décharge, d'autres en reviennent, et qu'il y en ait constamment de disponibles et de prêts à entrer en charge, dans les divers ports où se feront les embarquemens. Sur la partie du port ou de la berge qui aura été affectée pour le stationnement des bateaux en charge, il sera nécessaire d'établir des espèces de pontons en charpente assez forte, pour que les tom-

bereaux chargés et attelés de trois chevaux, puissent, sans danger, s'y venir
acculer, et verser d'un seul coup leur
charge toute entière dans le bateau. Il
serait bon et même nécessaire que ces
pontons fussent assez vastes, pour que
deux tombereaux au moins y pussent
venir en décharge simultanément et
sans s'embarrasser. Pour plus de sûreté,
on pourrait les construire de manière
à ce qu'il fût facile d'y amarrer les bateaux qui s'en détacheraient aussitôt
que l'embarcation serait pour partir.
Divers dépôts de ces boues pourraient
être formés, sans inconvéniens, à quelque distance de Paris, et non loin de
la rivière. Suresne, Argenteuil, les
carrières Saint-Denis, offriraient à cet
effet plus d'un emplacement convenable.

Nous ne croyons pas que ce soit ici
le moment d'examiner sur quels points
de la capitale il serait plus avantageux
d'établir ces sortes d'embarcadères.
Cette question est purement de détail;

il ne pourrait être utile de la traiter qu'autant que l'ensemble de notre plan obtiendrait l'approbation de l'administration.

Parlons de ce qu'il conviendra de faire des boues, dans les temps où on ne pourra pas les embarquer. Deux moyens se présentent. L'un serait de maintenir dans Paris les voiries existantes, pour continuer à y déposer les boues pendant tout le temps que durerait la suspension de la navigation; sauf l'obligation dans laquelle serait l'entrepreneur de les faire enlever et transporter hors de Paris, dans les quinze premiers jours qui suivraient la réouverture de la navigation. Ce moyen, nous le sentons, est sujet à plus d'un inconvénient, et trouvera de nombreux contradicteurs, ne fût-ce que parmi cette portion du public, qui habite le voisinage des voiries. Aussi, ne le proposons-nous que comme un moyen provisoire, et seulement pour laisser à l'administration le temps de faire les

3

dispositions nécessaires pour en mettre un autre à exécution.

Cet autre moyen consisterait à établir, non pas dans Paris, mais à une certaine distance des barrières, quatre nouveaux dépôts pour les boues, dont deux au nord, et deux au midi.

La plaine Saint-Denis, le long du chemin dit *des Poissonniers*, entre la Chapelle et Clignancourt, offrirait, pour l'un de ses dépôts, l'emplacement le plus convenable. La moitié et plus des boues qu'on enlève journellement dans les quartiers de la capitale, situés au nord, pourrait y être transportée.

Un second dépôt, qui pourrait être d'une importance moindre, serait encore convenablement placé, dans les terreins presqu'incultes qui existent près la barrière de Pic-Pus, entre les communes de Bercy et de Saint-Mandé.

Un troisième dépôt, d'une importance également secondaire, pourrait être établi dans les carrières abandonnées qui existent non loin de la Glacière. On y arriverait par le faubourg Saint-Jacques.

Un quatrième enfin, pourrait être établi au lieu dit *la Carrière-Platte*, à peu de distance de la barrière des fourneaux, par laquelle on y arriverait. Ce dernier dépôt n'exigerait que très-peu de frais, pour être mis en état de servir; et il serait à portée de recevoir les boues de presque toute la rive gauche de la Seine.

Nous avouons que la création de ces quatre dépôts exigerait une somme assez forte, tant pour l'achat des terreins, que pour les travaux qu'il faudrait y faire exécuter. Mais nous posons en fait, que la ville de Paris peut, si on le veut, former ces quatre établissemens sans bourse délier. Vingt spéculateurs se présenteront, et se chargeront de faire exécuter tous les devis, et même d'acheter tous les terreins nécessaires, sans prétendre à aucune indemnité, autre que celle résultante de l'échange que la Ville ferait des voiries actuellement existantes, tant, rue Château-Landon et à la Pologne, qu'à la barrière des fourneaux, à celle d'Enfer et au lieu dit *les Deux Moulins*, contre les voiries nouvelles qu'il s'agirait d'établir.

A propos de l'enlèvement et du transport des boues, qu'il nous soit permis de parler de l'idée bizarre, qui fait qu'on n'emploie à ce service que des tombereaux d'une seule pièce, et faits en forme de charrettes, au lieu de tombereaux à bascule comme ceux employés par les marchands de charbons de terre, pour le transport de leurs marchandises dans Paris. Ces derniers n'eussent-ils sur les autres que l'avantage de pouvoir être déchargés plus aisément, avec plus de célérité et moins de danger, il nous semble que cet avantage aurait dû leur mériter la préférence : mais, non.

La première chose que doit faire un charretier du nettoiement, lorsqu'il arrive avec son tombereau à la voirie,

c'est d'appeler quelqu'un à son aide
pour dételer; il faut ensuite qu'il veille
à ce que ses chevaux ne s'éloignent
pas, en prenant toutefois la précaution
de les éloigner lui-même assez, pour
qu'après qu'il a poussé ses limons en
l'air, afin de faire couler la charge par
l'about de derrière, ces mêmes limons,
qui sont souvent repoussés par la secous-
se, ou entraînés par leur propre poids,
ne puissent pas blesser les chevaux en
retombant sur le devant. Tous ces
préparatifs, toutes ces mesures, pren-
nent un temps considérable; et lorsqu'enfin le charretier est parvenu à déposer sa charge sans accident, il faut
alors qu'il s'occupe d'aller chercher ses
chevaux, qu'il les ramène, qu'il appelle de nouveau quelqu'un pour l'aider
à réateler; en un mot, c'est un attirail
et une perte de temps à n'en pas finir.
Il est vrai que la routine n'y perd rien;
et, dans un service comme celui du
nettoiement de Paris, quelque besoin
qu'on ait déconomiser le temps, on ne

doit pas perdre de vue que c'est au salut de la routine qu'il faut veiller avant tout.

Nous ne parlerons pas du matériel de ce service, sous le rapport du curage des égouts et de l'arrosement. Nous nous bornerons, en ce qui concerne les ouvriers égoutiers, à exprimer le vœu qu'à l'avenir ces malheureux dépendent directement de l'administration ; qu'ils soient rétribués par elle, et qu'ils trouvent, dans les soins paternels qu'elle prendra d'eux, un adoucissement à ce que leur existence a de rigoureux. Ce n'est pas d'un entrepreneur qui spécule sur la journée des ouvriers qu'il emploie, que ces hommes peuvent jamais espérer ni récompenses, ni retraite, ni encouragement; et cependant ils méritent, par la nature des travaux auxquels ils se livrent, qu'on prenne quelques soins de leur triste existence.

Il est à regretter que ceux qui, depuis vingt-cinq ans, dirigent ce service,

n'aient pas eu l'heureuse idée de pro-
fiter de l'occasion des divers renou-
vellemens du bail de l'entreprise, pour
proposer à l'administration un acte
d'humanité aussi méritoire. Ils doivent
partager d'autant plus vivement nos
regrets à ce sujet, que, pendant long-
temps, ils ont eu sur le chef de l'administration toute espèce d'ascendant,
et que pour faire approuver l'œuvre
philantropique dont il s'agit, ils n'auraient eu besoin que de la proposer.

~~~~~~

CHAPITRE III.

Le service du nettoiement de Paris a besoin d'être réorganisé, quant au personnel.

Qu'EN l'an 1700, on ait jugé que pour surveiller et effectuer le nettoiement de Paris, il pouvait suffire de le diviser en vingt parties, et qu'à cette époque on en ait fait la répartition de maniere qu'il y ait aujourd'hui des divisions qui comprennent, dans leur étendue, un dixième de Paris, tandis que d'autres sont renfermées dans une enceinte presqu'insignifiante, il n'y aurait à cet égard aucune remarque à faire, si ceux qui sont à la tête de ce service n'y avaient été appelés que depuis peu d'années. Mais si l'on fait réflexion que c'est depuis vingt-cinq ans qu'ils le dirigent, et que, pendant ce long intervalle, ils ont

constamment fermé les yeux sur les
inconvéniens d'une répartition que la
succession des temps a rendue si iné-
gale, il faut alors convenir que le bien
du service n'est pas ce qui a toujours
le plus occupé leur pensée.

N'est-il pas ridicule, en effet, que
parmi les vingt Inspecteurs. qui sont
chargés de surveiller le service, il s'en
trouve qui peuvent parcourir leur division comme on parcourt sa chambre,
c'est-à-dire, en pantoufles et en moins
de dix minutes; tandis qu'il en est d'autres à qui la journée entière ne saurait
suffire pour visiter la moitié de la leur,
quelqu'activité qu'ils y mettent? Aussi,
quels sont les résultats de cette incon-
cevable distribution? C'est que, d'une
part, l'entrepreneur peut impunément
négliger son service sur divers points,
et que de l'autre, après s'être donné
beaucoup de mouvement et beaucoup
de peine pour suivre ses tombereaux,
l'Inspecteur, fatigué de voir qu'il ne peut
remplir sa tâche, finit par se décou-

rager et abandonne ses devoirs, ou ne les remplit qu'en partie. L'expérience, à cet égard, démontre chaque jour ce que nous avançons.

Que convient-il de faire pour remédier à cet abus ? Faut-il retrancher à certaines divisions ce qu'elles ont de trop, pour l'ajouter à celles qui n'ont pas assez ? Ou s'il faut d'une division trop grande en faire deux, et augmenter d'autant le nombre des Inspecteurs ? Ce dernier parti semblerait préférable, surtout pour les 8e et 18e divisions, qui, bien évidemment, en raison de leur extrême étendue, ne sauraient être efficacement surveillées par un seul homme. Mais ce moyen ne pourait être appliqué sans inconvénient qu'aux deux divisions que nous venons de citer. Que reste-t-il à faire au sujet de celles qui, sans avoir assez d'étendue pour être divisées en deux, en ont cependant trop pour n'en faire qu'une ? Nous pensons que, quant à présent, il n'y a pas de remède, et qu'avant de s'occuper des améliorations que le service peut réclamer sous ce rapport, il faut attendre la fin du bail actuel.

Au surplus notre avis est que , pour être efficace, la surveillance du nettoiement de Paris a besoin d'être désormais repartie entre un plus grand nombre d'agens. Il y a 48 bureaux de police. Ce ne serait pas trop multiplier les Inspecteurs de la salubrité que d'en élever le nombre à 24. On pourrait leur adjoindre à chacun un surnuméraire, et soumettre ainsi à leur double surveillance deux quartiers adjacens. De cette manière, non seulement les ouvriers employés par l'entrepreneur à l'enlèvement des boues auraient de la peine à soustraire leur nonchalance à l'attention de ceux qui sont chargés de les diriger; mais encore les habitans de Paris, qui ont coutume de négliger le balayage de la rue au devant de leurs maisons, seraient stimulés d'une manière plus active, et ceux qui se font un jeu de contrevenir aux réglemens de police , concernant la salubrité, auraient moins de chances d'impunité.

Un des fléaux de la salubrité les plus difficiles à détruire, c'est l'habitude dans laquelle sont une infinité de personnes de venir, à toute heure de la journée, notamment après le passage des tombereaux, déposer dans la rue leurs ordures ménagères. La répression de ce genre de contravention a fait jusqu'a ce jour le désespoir de la plûpart des Inspecteurs du nettoiement. En effet , peut-on raisonnablement exiger qu'un homme dont l'inspection s'étend dans Paris, sur une surface de plusieurs lieues, voie lorsqu'il est dans le quartier des halles , par exemple, ce qui se passe dans les quartiers qui avoisinent les barrières Saint-Martin , Saint-Denis , et Poissonnière ? Il peut, dira-t-on, surveiller chaque jour et successivement , une partie de sa division. C'est vrai ; mais c'est en cela précisément qu'est le mal; car tandis qu'il est sur un point , les contraventions se multiplient sur cent autres. Ici, c'est un entrepreneur de fouilles ou un gravatier; là une laitière, un jardinier ou une fruitière, qui répandent jettent ou déposent sur la voie publique des platras, de la terre, du fumier, des débris de jardinage ou de la paille; plus loin ce sont des cuisinières, des femmes de ménage, des portiers et autres gens de peine ou de service qui se font (on serait tenté de le croire) un jeu de mettre en défaut la surveillance de l'Inspecteur. De bonne-foi, est-on fondé à se plaindre de l'insufisance d'un homme qu'on a placé dans l'alternative de n'être qu'une espèce de *saint-n'y-touche*, ou le jouet de tout ce qu'il y a de mauvais plaisans dans la classe d'individus dont nous venons de parler? Faudra-t-il, pour faire preuve de caractère et atteindre son but, qu'il rende responsables des contraventions, les propriétaires ou principaux locataires des maisons devant lesquelles elles auront eu lieu? Mais le plus souvent cette mesure serait injuste; car enfin, on ne

saurait imposer à qui que ce soit l'ob-
bligation d'être sur sa porte en senti-
nelle permanente, pour empêcher que
des voisins ne viennent déposer leurs
ordures devant chez lui. La rigoureuse
équité veut que les auteurs seuls de ces
dépots furtifs, soient poursuivis devant
le tribunal de police municipale. La
difficulté de les atteindre ne justifirait
jamais une autre manière de procéder.
C'est à l'autorité administrative à voir
comment elle s'y prendra pour faire cesser un abus si contraire à la salubrité.

Le moyen le plus efficace, nous
le répètons, c'est de multiplier la
surveillance, et de la rendre en quelque
sorte présente sur tous les points ; c'est
d'armer tous les agens de la salubrité
du droit de verbaliser. La nécessité de
cette mesure sera sentie, si l'on veut
faire attention que ce n'est pas sur les
simples rapports d'un Inspecteur non
assermenté, que les tribunaux peuvent
regarder la contravention comme cons-
tante, et appliquer au contrevenant les

dispositions du code pénal qui lui sont applicables.

L'inspection de la salubrité se compose de vingt Inspecteurs, qu'on appelle divisionnaires, par la raison qu'ils ont à surveiller une division du nettoiement chacun. Dix Inspecteurs surnuméraires sont en outre à la disposition de l'Inspecteur Général et de son adjoint, tant pour diriger, conduire et surveiller les ouvriers balayeurs, que pour suppléer au besoin, les Inspecteurs divisionnaires. Ces dix surnuméraires n'ont pas qualité pour dresser des procès verbaux; c'est un malheur : ils ne feraient pas moins que la gendarmerie, un bon et salutaire usage de cette qualité, s'ils en étaient revêtus.

Si, comme nous en avons déjà exprimé le vœu, on trouvait bon de porter à vingt-quatre le nombre des Inspecteurs divisionnaires, et qu'on élevât également jusqu'à vingt-quatre celui des surnuméraires, qui seraient comme autant d'adjoints aux premiers, ne serait-il pas

convenable d'établir, par un titre hono-
rifique, une distinction entre ces deux
classes d'Inspecteurs? Quel serait l'inconvénient par exemple, de donner le titre
d'*officiers de salubrité*, aux inspecteurs de
première classe, en reservant pour ceux
de la seconde le simple titre d'Inspecteur ? Ils nous semble que cet distinction aurait pour avantage, non seulement d'exciter le zèle et l'émulatiou
de ces derniers; mais encore d'aider
les premiers à se concilier l'estime publique, et cette considération, dont on
a malheureusement trop négligé jusqu'à présent d'investir le agens de l'autorité, et surtout ceux dont les attributions ressortissent à la préfecture
de police.

Outre les Inspecteurs divisionnaires
et surnuméraires, dont nous venons de
parler, il y a encore dans l'inspection
de la salubrité neuf autres employés,
à qui on donne le titre et la dénomi-
nation de *commis aux arrosemens*. Ces
neuf commis sont sous les ordres de

deux Inspecteurs à qui la surveillance
de l'arrosement, pendant l'été, est
spécialement dévolue, ainsi que celle
des égouts, pendant toute l'année. En
hiver, on emploie ces neuf commis,
conjointement avec les surnuméraires,
à conduire les ouvriers balayeurs. Si
l'organisation du personnel avait lieu
telle que nous la concevons, l'emploi
de ces neuf commis deviendrait inutile,
et on pourrait facilement les suppri-
mer; parce qu'on laisserait à chaque
officier de salubrité le soin de surveiller
lui-même, ou de faire surveiller, par
son Inspecteur, le service de l'arrosement, s'il y en avoit sur sa division.

Nous ferons observer que de cette
manière l'arrosement deviendrait en
quelque sorte l'objet d'une triple surveillance, laquelle serait exercée d'a-
bord par les officiers de salubrité, ensuite par les Inspecteurs, et subsidiai-
rement encore par les deux Inspecteurs
des égouts, aux attributions particu-
lières desquels il ne serait rien changé.

4

A l'inspection générale de la salubrité de Paris, se trouve réunie l'inspection générale de l'éclairage. Ce dernier service se divise en cinq parties à-
peu-près égales, ou, pour mieux dire,
en cinq entrepôts pour tout Paris. Chaque entrepôt est surveillé toutes les
nuits par un Inspecteur divisionnaire,
de telle sorte que le tour de chaque
Inspecteur revient toutes les quatre
nuits. C'est beaucoup, sur-tout pendant l'hiver ; cependant, il est cer-
tain que ce n'est pas encore assez. Il est
impossible qu'un seul homme parcoure
dans une nuit toutes les rues d'un cin-
quième de Paris. Et il le pourrait, que
sa surveillance ne produirait pas pour
l'administration de meilleurs résultats ;
parce qu'au résumé, les lanternes qui
s'éteignent prématurément, ne com-
mencent guères à s'éteindre qu'une
heure ou deux avant celle fixée
par le traité, pour leur extinc-
tion ; et c'est alors seulement qu'il
serait à desirer que la surveillance

s'exerçât à-la-fois dans toutes les directions et sur tous les points de l'entrepôt, afin de pouvoir constater, sinon toutes les extinctions prématurées, au moins le plus grand nombre possible. Cependant, l'Inspecteur, qui est seul, ne constate que celles qui se font remarquer dans l'endroit où il se trouve. Celles qui ont lieu sur d'autres points, ont lieu impunément aux dépens de l'administration, et ne profitent qu'à l'entrepreneur.

Il n'en serait point ainsi, si le personnel des deux inspections était organisé comme nous l'indiquons. Au lieu d'un Inspecteur par entrepôt, deux pourraient sans inconvénient y exercer leur surveillance, et les chances en faveur de l'entrepreneur, se trouveraient diminuées de moitié, tandis que celles en faveur de l'administration augmenteraient d'autant. Les Inspecteurs y gagneraient également, parce que le roulement qui établit le tour de chacun d'eux, au lieu de ne s'exercer que sur vingt, porterait sur vingt-quatre, et reculerait leur tour dans la même proportion.

CHAPITRE IV.

Des rapports qui devraient exister entre l'Inspecteur général du nettoiement et MM. les Commissaires de police.

Une chose que nous aurions peine à croire, si , par la nature de notre position , nous n'avions pas été à même de le remarquer et d'en être convaincu, c'est, qu'à l'exception d'un très-petit nombre d'anciens Commissaires de police avec lesquels il a conservé des relations d'amitié, l'Inspecteur général du nettoiement de Paris n'a avec tous les autres aucune espèce de rapport direct. Quand le service est en souffrance dans un quartier, ce n'est pas à l'Inspecteur général que les Commissaires de police adressent leur plainte, c'est à l'administration.

Cette marche a sans doute son avantage ; elle contribue à centraliser de plus en plus le principe administratif, et met le chef de l'administration à même de savoir comment chacun de ses délégués s'acquitte de ses fonctions; mais elle a aussi l'inconvénient d'isoler beaucoup trop les uns des autres ces mêmes délégués sur lesquels pèse une espèce de responsabilité solidaire. Elle établit bien dans les vues d'ensemble une unité précieuse ; mais aussi elle rompt cette unité dans les vues de détail, et paralyse l'action et la promptitude du zèle. Elle prévient peut-être les mésintelligences et les rivalités qui pourraient naître de la manière différente dont chaque fonctionnaire envisage les choses et exerce son autorité; mais, d'un autre côté, quelle froideur, quelle indifférence n'engendre-t-elle pas entre ces mêmes fonctionnaires ! L'un d'eux pèche-t-il par inadvertance, par oubli, ou par inexpérience ? On ne lui passe rien, tout est matière à dénonciation, tout devient l'objet d'un rapport. On croit s'être mis soi-même à l'abri des reproches, quand on a pu en attirer à celui dont on jalouse les prérogatives, ou dont le sort nous est indifférent. En un mot, nous pensons que l'espèce d'extranéité qui existe entre l'Inspecteur général du nettoiement et MM. les Commissaires de police est funeste au service, et qu'on n'obtiendra jamais de bons résultats, tant qu'il n'y aura pas entre eux plus de rapprochement, et des relations plus fréquentes et plus intimes.

Les Inspecteurs particuliers du nettoiement sont assermentés en justice, et sont, en cette qualité, revêtus d'un caractère légal, qui devrait les faire distinguer des simples agens de police. En est-il bien ainsi ? Nous devons à la vérité de dire que, parmi MM. les Commissaires de police, il en est quelques-uns qui sentent cette différence et accueillent les Inspecteurs de la salubrité avec les égards qui leur sont dus, soit en raison de leur mérite personnel, soit en raison du caractère que leur imprime le serment qu'ils ont prêté ; mais il faut dire aussi que la plupart des Inspecteurs ont à se plaindre de la manière sèche et peu bienveillante avec laquelle ils sont reçus, lorsqu'ils se présentent chez MM. les Commissaires de police. De-là vient qu'ils ne s'y présentent que le moins souvent possible ; et que, lorsqu'ils ont besoin de leur assistance ou de leur intervention, au lieu de la réclamer immédiatement, ils en réfèrent à l'Inspecteur général, qui lui-même en réfère à l'administration par un rapport. Ce rapport, quelque diligence qu'on mette à le faire, entraîne des lenteurs qui sont inévitables, parce qu'avant d'arriver à sa destination, il faut que, comme toutes les autres pièces, ce rapport suive la filière administrative. Pendant ce temps, le service languit, et le public, qui en souffre, fait entendre ses murmures. La malveillance s'en mêle, et c'est presque toujours contre le chef

de l'administration, qui n'en peut mais,
que les plaintes sont dirigées.

Au contraire, qu'il s'établisse entre
l'Inspecteur général de la salubrité et
MM. les Commissaires de police,
des rapports fréquens et immédiats;
que les mesures à prendre, dans l'in-
tèrêt du service, soient concertées
avec cette bienveillance mutuelle, qui
éloigne les rivalités ou les empêche
de naître; que l'exécution de ces mesures soit suivie avec ce zèle, qui fait
qu'on se seconde réciproquement, au
lieu de se délaisser quand il s'agit de
faire bénir l'administration et son digne
chef; qu'on abandonne de part et
d'autre cette morgue repoussante à
laquelle donne naissance la bonne opinion que chacun a de soi: opinion qui
se fonde sur des mérites qu'on envisage diversement, suivant la différence
des positions dans lesquelles chacun
s'est trouvé sous le rapport politique
depuis trente ans; et bientôt l'on verra
s'améliorer le service de la salubrité.

Le balayage des rues sera stimulé d'une manière plus active ; les dépôts d'ordures ménagères sur la voie publique après le passage des tombereaux, seront réprimés plus efficacement, parce que l'Inspecteur du nettoiement ne sera pas seul intéressé à en rechercher et à en poursuivre les auteurs. Si le zèle d'un Inspecteur se relache, au lieu de prendre', pour le rappeler à ses devoirs, le chemin de l'administration, qu'on le signale à l'Inspecteur général, qui a toujours par devers lui les moyens de remédier promptement à tout.

Tels sont les rapports que nous voudrions voir s'établir entre MM. les Commissaires de police et l'Inspecteur général de la salubrité. A quoi tient-il que ces rapports n'existent ? La réponse à cette question fera le sujet du chapitre suivant.

CHAPITRE V.

Des raisons présumées qui s'opposent à ce qu'il existe une harmonie parfaite, entre l'Inspecteur général de la salubrité et MM. les Commissaires de police.

De toutes les aversions auxquelles les hommes ont été susceptibles de s'abandonner depuis la révolution, il n'en est peut-être pas de plus difficile à vaincre que celle qui prend sa source dans la différence des partis politiques auxquels on s'est attaché; ou, tout au moins, des opinions qu'on a professées.

Dieu nous garde toutefois d'affirmer, comme si c'était une chose démontrée, que le peu de rapports que la plupart de MM. les Commissaires de police entretiennent avec l'Inspecteur général de la salubrité, a son principe dans une aversion de ce genre !

Une pareille assertion de notre part ,
fût-elle exacte, pourrait paraître ha-
sardée, et serait, dans tous les cas,
imprudente. Cependant, il est à remarquer que les communications et
toute 'espèce de rapports sympatiques
n'ont cessé entre l'Inspecteur général
de la salubrité et MM. les Commissaires de police, que depuis qu'on a
fait subir au personnel de ceux-ci des ré-
formes dans l'intérêt de la monarchie
légitime.

Il ne nous appartient pas de fouiller
dans les existences passées, pour savoir
par quels antécédens tel ou tel a pu
s'aliéner l'affection des royalistes. Il
nous suffira de dire qu'en général, ces
derniers ont peine à croire que celui-
là soit réellement des leurs, qui, pendant les temps désastreux qui ont pré-
cédé la restauration , n'a partagé ni
leurs souffrances, ni leurs tribulations;
qui, au lieu d'avoir été comme eux ,
maltraité, poursuivi, dépouillé et pros-
crit par les révolutionnaires et les par-

tisans de l'usurpation, en a au contraire été caressé, protégé et choyé. Ils ne diront pas de lui comme d'Alexandre : *Qu'il a assassiné Clitus* ; mais ils disent qu'il a été l'ami des meurtriers de Clitus ; qu'il a eu part à la dépouille de l'infortuné Clitus ; ils n'appelleront pas sur lui l'animadversion publique, mais ils déclineront son amitié. Auront-ils raison? Ce n'est pas à nous de décider.

L'Inspecteur général de la salubrité est entré dans la carrière des emplois, sous le règne de Louis XVI. Il était employé dans les bureaux de la commune de Paris, sous celui de la convention ; il fit, quelque temps après la mort du roi, le sacrifice volontaire de son emploi, pour voler sur nos frontières à la défense de la patrie ; revenu dans la capitale après avoir payé sa dette, comme militaire, à l'Etat et au gouvernement républicain, il obtint bientôt, sous le même gouvernement, une place dans les bureaux de la comptabilité à l'administration de la police de

Paris; il y a vécu ignoré, et comme
perdu parmi le fretin des employés,
jusqu'à ce que M. *Dubois*, alors comte de
l'empire, en faveur de qui cette administration venait d'être érigée en préfecture, le distingua, et, sachant vrai-
semblablement tout le parti qu'il en
pouvait tirer (1), lui donna la place
qu'il a constamment occupée depuis
cette époque.

Il faut avouer qu'il n'y a rien dans
ces diverses circonstances, qui puisse
justifier MM. les Commissaires de police, de l'espèce d'isolement dans le-
quel, au grand détriment du service,
ils laissent l'Inspecteur général de la
salubrité.

Il est vrai que ceux de ses subordonnés, qui ont donné le plus de gages
à la royauté légitime, ne sont pas ceux
qui ont le plus à se louer de ses pro-
cédés. Ses bontés, ses complaisances
et ses prédilections ne sont pas pour
eux. Il vient encore tout récemment
de froisser les cœurs royalistes d'une

manière bien cruelle, en provoquant inopinément la destitution de l'Inspecteur *Micard*. Cet Inspecteur, qui s'est constamment fait remarquer par la force et l'énergie de son royalisme, et qui a payé de sa personne au siége de Lyon et dans les armées royales de la Vendée, vient d'être destitué, parce que l'Inspecteur général l'a désigné comme négligeant habituellement ses devoirs. Si une pareille assertion était impartiale et exacte, nous n'aurions garde de rien dire en faveur du sieur *Micard*; nous le plaindrions, parce qu'il est malheureux; c'est tout ce que nous ferions pour lui. Mais, dans l'intérêt de la vérité, dans celui de la justice, nous ne devons pas laisser ignorer que, de tous les Inspecteurs contre lesquels une mesure aussi sévère que celle de la destitution pouvait être invoquée, l'Inspecteur *Micard* est précisément celui qui méritait le moins d'en recevoir l'application. Mais revenons à notre sujet.

Il est à regretter, quelle que soit la cause qui éloigne MM. les Commissaires de police de l'Inspecteur général de la salubrité, de voir se prolonger les effets de cette cause. Nous avons cru devoir, dans l'intérêt du service, signaler ce qui est. Pour le bien du même service, nous allons, dans le chapitre suivant, exposer ce qui convient, et notre tâche sera remplie.

CHAPITRE VI.

Des qualités intellectuelles et physiques qu'il serait à désirer de rencontrer dans un Inspecteur de la salubrité.

S'il est pénible d'avoir à convenir que, pendant long-temps, on a vu figurer parmi les Inspecteurs de la salubrité, des hommes qui, n'ayant aucun sentiment de leur dignité, se dégradaient par des vices et compromettaient tout à-la-fois, aux yeux du public, leur caractère et l'administration de laquelle ils relevaient, il est consolant aussi de pouvoir dire que ces hommes méprisables ont disparu par l'effet d'une salutaire éviction, et qu'en général, cette partie du personnel de l'administration de M. Delavau, a été purgée des sujets vicieux qui pouvaient attirer sur elle la déconsidération.

5

Cependant, nous ne pouvons dissimuler qu'en proclamant cette vérité, le plaisir que nous éprouvons est bien tempéré, par la triste conviction que nous acquérons tous les jours du peu d'aptitude intellectuelle et physique qu'ont, pour remplir leurs fonctions, quelques-uns, non-seulement des anciens Inspecteurs, que l'épuration n'a pas atteints, mais encore de ceux dont la nomination est plus récente. Il en est, dans les deux cathégories, qui sont d'un naturel tellement apathique, que ce serait folie d'attendre d'eux aucune espèce d'énergie. Ils voient, sans en être affectés, et avec un phlegme désespérant, les contraventions se multiplier sur tous les points de leur division; ils n'en font pas un mouvement, n'en disent pas une parole, et n'en écrivent pas un mot de plus pour les réprimer. Ces hommes n'ont pas de vices; ils pourraient être employés utilement dans tout autre service, mais ils sont nuls dans celui de la salubrité.

Il en est d'autres qui sont animés du désir de bien faire ; mais ils sont paralysés dans leur zèle par l'âge, la mauvaise santé ou les infirmités, et le service du nettoiement ne s'en trouve pas mieux. D'autres enfin, n'ont que des conceptions sans suite et sans aplomb; ils ne comprennent pas leurs fonctions. La légèreté qui les entraîne, et l'embrouillement qui règne constamment dans leur idées, pourrait, à juste titre, les faire surnommer les *hurluberlus* de la partie.

Il n'est pas besoin de dire que, tout en se mettant hors d'haleine pour diriger et surveiller son service, un Inspecteur de cette espèce ne remplit jamais le but de son institution, et ne peut inspirer aucune sécurité relativement à l'exécution des ordres qu'on lui donne. C'est à l'incapacité de ces hommes qu'on est souvent redevable des plaintes qui se font entendre sur la malpropreté des rues de Paris; et à cet égard, qu'il nous soit permis de

dire toute notre pensée. L'Inspecteur
général lui-même, entraîné par nous
ne savons quelle espèce de préoccu-
pation habituelle, ne combine pas toujours avec avantage pour le service,
les divers ordres qu'il donne. Nous nous
plaisons à croire que c'est à la préoc-
cupation de son esprit, et non à d'autres causes, qu'il faut attribuer les
divers faits qui prouveraient ce que
nous avançons (2).

CHAPITRE VII.

CONCLUSION.

Des réflexions que nous venons de faire et des faits que nous rapporterons dans les notes ci-après, il résulte que, pour mettre fin aux plaintes qui se renouvellent sans cesse contre l'administration, au sujet de la malpropreté des rues, il est indispensable :

1°. Que la nouvelle organisation du matériel soit tellement combinée, que l'enlèvement des boues puisse être terminé, sur tous les points, à midi au plus tard. (3) Le mode d'embarquement que nous avons proposé, rend la chose très-praticable, surtout si l'on considère que les tombereaux une fois chargés, de quelque point de Paris qu'ils partent, n'auront que très-peu de chemin à faire pour arriver à leur destination, qui devra être la rivière, tant qu'ils n'en seront pas à leur dernière voie.

2°. Que dans le nouveau cahier des charges, qu'on dressera pour la prochaine adjudication du bail, on ne manque pas, entre autres nouvelles clauses, d'y insérer celle par laquelle l'entrepreneur sera tenu, sur la réquisition qui lui en sera faite la veille, *avant midi* (4), par l'Inspecteur général, de mettre à la disposition de ce dernier un supplément de cinquante ouvriers balayeurs en été, et de cent en hiver, lesquels pourront, ainsi que tous les ouvriers ordinaires, être employés à balayer pendant la journée entière, si le besoin l'exige (5).

3°. Que tous les tombereaux du nettoiement soient à bascule, et les charretiers chargés de les conduire, munis d'un livret (6).

4°. Qu'on s'occupe de la formation de quatre nouvelles voiries, hors barrières, pour y déposer les boues, dans les temps pendant lesquels la navigation ne sera pas praticable.

5°. Qu'il soit fait une nouvelle répartition des rues de Paris, de telle sorte que les divisions du nettoiement soient à-peu-près d'une égale étendue, et qu'il y en ait au moins deux par arrondissement municipal. Qu'on n'oublie pas surtout, comme on l'a fait jusqu'à présent, de mettre le balayage des boulevards à la charge de l'entrepreneur. Peut-être serait-il avantageux, lorsqu'on mettra en adjudication l'entreprise du nettoiement de Paris, de faire autant d'adjudications qu'il y a d'arrondissemens, ou qu'il y aura de divisions, et de n'admettre un entrepreneur général qu'autant que sa soumission offrirait plus d'avantage que toutes les autres soumissions réunies.

5°. Que les choix à faire, pour la nomination des Inspecteurs, ne portent que sur des sujets éprouvés et qui auraient d'avance donné des gages de leur aptitude intellectuelle, morale et physique.

6°. Qu'il y en ait au moins deux pour chaque division; l'un de première et l'autre de deuxième classe.

7°. Que MM. les Commissaires de police soient invités à entretenir, avec l'Inspecteur général de la salubrité, des rapports directs et fréquens; sauf cependant le droit qu'ils ont, et l'obligation dans laquelle ils peuvent être de rendre compte à M. le Préfet, des diverses communications qu'ils auront avec l'Inspecteur général du nettoiement, son adjoint ou ses subordonnés: qu'ils soient invités à les seconder de tous leurs efforts, pour arriver conjointement et par toutes les voies de droit, au but si désiré de voir enfin les rues de Paris dans un meilleur état de propreté.

8°. Qu'on cesse de tenir, autant qu'on semble le faire, aux vieilles routines, à ces vieux systèmes, qui ont pu n'être pas sans mérite lorsqu'on les a conçus

mais qui sont, depuis long-temps,
tombés dans la caducité. Il y a dix-huit
ans qu'on aurait dû aviser aux moyens
d'améliorer le service du nettoiement
de Paris, et briser la planche qui, depuis peut-être un siècle, sert à repro-
duire périodiquement, tous les neuf
ans, cette informe et bizarre concep-
tion, à laquelle on a donné le nom de
*cahier des charges de l'entreprise du net-
toiement de la ville de Paris.* Il est vrai
que le sieur Boursault et d'autres, n'en
auraient pas profité pour s'enrichir;
mais la capitale et ses habitans y auraient gagné, et l'administration ne
serait pas aujourd'hui le plastron d'une
multitude de mécontens, qui sont bien
aises d'avoir un prétexte pour l'atta-
quer et la déchirer. Et certes! il faut
convenir que ceux-là leur ont donné
beau jeu, qui ont imaginé que le nettoiement des boulevards intérieurs, et
notamment de ceux du nord, ne devait
pas faire partie de l'entreprise du nettoiement de Paris.

9°. Qu'on se défie de l'affectation avec laquelle certaines gens, intéressés à cajoler l'administration et à flagorner auprès d'elle, vont sans cesse lui parler économie ; lui proposer les plans les plus mesquins, des plans que la moindre circonstance défavorable fait avorter. Ils ne s'apperçoivent pas, ou s'ils s'apperçoivent, ils ne s'inquiètent pas des inconvéniens qui peuvent résulter pour elle d'une fausse économie (7). Et que leur importe, en effet, l'administration ? Ils savent que la défaveur, disons mieux, la déconsidération à laquelle ils l'exposent, ne les atteindra pas personnellement.

10°. Enfin, que tout en s'occupant des moyens d'assurer pour l'avenir de la manière la plus convenable, le service du nettoiement de Paris, on avise aussi aux moyens de faire disparaître le hideux spectacle de ces hommes, qu'à la honte de nos mœurs et de notre civilisation, on trouve à chaque instant vaquant publiquement et sans pu-

deur, aux plus humiliantes fonctions
de la nature humaine ; à ces fonctions
qui sont un besoin, il est vrai, mais
un besoin que nul ne doit satisfaire,
tant qu'il n'est pas parvenu à se dé-
rober à tous les regards. La salubrité
n'est pas moins intéressée que les
mœurs, à la répression de ce dégou-
tant abus. Il serait facile d'y mettre
fin, en encourageant, au lieu d'entraver le projet si louable , qu'ont
formé quelques personnes , d'établir
sur plusieurs points de la capitale,
des latrines publiques et gratuites.

NOTES.

(1) On assure que dans un temps, lorsque les entrepreneurs du nettoiement de Paris s'étaient mis dans le cas de subir, sur le prix de leur adjudication, une retenue pour défaut de service, on leur en faisait la remise, à condition pourtant qu'ils conduiraient à la campagne de Vitry, un nombre déterminé de voies de boues. Ce nombre variait suivant le montant de la retenue, et était toujours fixé de manière à ce que tout le monde y trouvait son compte, excepté le public et la ville de Paris. Les entrepreneurs y trouvaient une commutation de peine ; le patron nn bénéfice clair, et l'Inspecteur général le plaisir et l'occasion d'obliger un bienfaiteur, qui a la réputation de n'être jamais demeuré en reste avec personne.

On ajoute que le Seigneur de Vitry n'est pas le seul en faveur de qui le traité du nettoiement de Paris a subi diverses entorses. On cite encore comme ayant eu part aux bénéfices de ces entorses, un ex-Inspecteur général, dont la campagne, du côté de Montmorency, avait aussi besoin d'engrais.

(2) Pendant le rigoureux hiver de 1822 à 1823, dans un moment où toutes les voitures de l'entrepreneur devaient être exigées avec d'autant plus de rigueur, que, pour suppléer à leur insuffisance et assurer le service, l'administration était obligée de s'en procurer d'extraordinaires à grands frais, on vint annoncer à l'Inspectueur général que l'entrepreneur de la quatorzième division du nettoiement, se reposant du soin de faire son service sur les nombreux tombereaux extraordinaires qu'on mettait chaque jour à la disposition de son inspecteur, se permettait de distraire les siens dès le matin, et de les remiser dans une maison de la rue du Rocher. Cette distraction de tombereaux, de la part de l'entrepreneur, devait donner lieu contre lui à des retenues considérables ; le rapport en fut fait dans le temps à l'Inspecteur général, mais il n'y fut donné aucune suite.

Vers la même époque, mais quelques jours plus tard, lorsque déjà on n'avait plus besoin de tombereaux extraordinaires, il restait à enlever sur les ponts, les terres, cendres, et menus gravois qu'on y avait jetés dans le temps des fortes gelées pour rendre, sur ces points, la circulation moins dangereuse. Aux termes de l'art. XXXIV, du cahier des charges, cet enlèvement devait être fait par l'entrepreneur. Eh bien! c'est avec des tombereaux extraordinaires

que l'Inspecteur général a ordonné qu'il fût fait,
et il en a coûté 663 francs à l'administration. Nous
lui fîmes à ce sujet quelques observations, dans
le but d'éviter cette dépense. Sa réponse fut qu'on
pouvait ménager l'entrepreneur, parce qu'en
raison de la longueur de l'hiver, ses bénéfices
de l'année ne seraient pas considérables, et que
cette dépense, ajoutée à la masse extraordinaire
de celles que l'administration venait d'être obligée
de faire, ne les augmenterait pas d'une manière
sensible, tandis que l'entrepreneur en éprouverait un grand soulagement. Cette manière
d'envisager les choses peut être bonne; mais il
sera toujours bien difficile de la faire accorder
avec un système de véritable économie en faveur
de l'administration.

Dernièrement, un balayage extraordinaire
avait été ordonné sur les divers points par lesquels devait passer S. M. CHARLES X, le jour
de son entrée dans Paris. Ce balayage, qu'on
poussa avec la plus grande activité, fut terminé à temps, il ne s'agissait plus que d'en
faire enlever les produits. En dirigeant sur les
lieux, comme on le lui avait conseillé, une trentaine
de tombereaux du nettoiement, qu'il pouvait sans
inconvénient détourner pour un jour du service
ordinaire auquel ils sont affectés, dans les en-
droits les plus reculés et les moins importans
de la capitale, il aurait aisément, et sans frais,

fait faire cet enlèvement. Hé! bon Dieu! il n'y pensa pas. CHARLES X a fait, avec son cortège, son entrée dans Paris, entre deux amoncèlemens de boues et d'immondices qui régnaient tout le long de la grande avenue des Champs-Elysées, sans solution de continuité.

Ces trois circonstances ne sont pas les seules que nous pourrions citer ; mais nous n'en finirions pas s'il fallait rapporter ici toutes les aberrations de l'Inspecteur général de la salubrité, en ce qui concerne le service dont il est chargé.

(3) Sans préjudicier toutefois au droit que doit avoir l'Inspecteur de retenir et de faire travailler toute la journée, s'il le faut, les voitures et les chevaux de sa division.

(4) Nous disons *avant midi* ; parce qu'il est arrivé souvent que l'Inspecteur général n'ayant fait son réquisitoire, que la veille dans la soirée, il a été impossible qu'à partir d'une époque de la journée aussi avancée, l'entrepreneur eût le temps de prendre ses mesures pour le lendemain à six heures du matin. Il faut être juste et raisonnable avant tout, et ne pas perdre de vue que pour obtenir la fin, il faut vouloir les moyens.

(5) N'est-il pas de la plus amère absurdité qu'un jour de pluie, par exemple, des ouvriers balayeurs, sans s'inquiéter des plaintes du public, et sans qu'on ait le droit de les retenir,

puissent quitter le travail à onze heures du matin, et laisser un pont, un quai, une place à moitié balayés, ou un ruisseau à moitié coulé, pour ne revenir continuer leur travail que le lendemain?

(6) Les entrepreneurs du nettoiement manquent souvent leur service parce que les charretiers les abandonnent sans les prévenir ; ce qui n'arriverait pas, si on tenait la main à ce que personne, dans Paris ni dans les environs, ne puisse prendre à son service un charretier qui ne serait pas muni de son livret

(7) Ce qu'on vient de faire pour le nettoiement des barrières à l'extérieur, est une preuve de ce que nous avançons. Au lieu de traiter pour ce service avec des entrepreneurs, qui offraient de s'en charger à un prix raisonnable, bier qu'un peu plus élevé que celui qu'on donne, on a traité avec divers *pauvres héres*, qui n'offrent aucune espèce de garantie. Aussi, y en a-t-il qui déjà, sans se mettre en peine de l'engagement qu'ils ont contracté, ont abandonné la partie, et se sont retirés purement et simplement, sans prévenir personne, et riant sans doute de la crédulité autant que la lésinerie de celui qui avait traité avec eux d'une manière aussi chiche, quoiqu'au nom de l'administration.

FIN.

www.ingramcontent.com/pod-product-compliance
Lightning Source LLC
Chambersburg PA
CBHW070908280326
41934CB00008B/1638